CONSEIL HÉRALDIQUE DE FRANCE

MAISON

DE

CASTELLANE

BRANCHE DE SALERNES

CONSEIL HÉRALDIQUE DE FRANCE
21, AVENUE CARNOT, 21
PARIS
1885

MAISON DE CASTELLANE

BRANCHE DE SALERNES

CONSEIL HÉRALDIQUE DE FRANCE

MAISON

DE

CASTELLANE

BRANCHE DE SALERNES

CONSEIL HÉRALDIQUE DE FRANCE
21, AVENUE CARNOT, 21
PARIS
1885

MAISON DE CASTELLANE

BRANCHE DE SALERNES

LE CONSEIL HÉRALDIQUE DE FRANCE,

Consulté sur les questions suivantes :

1° : « Monsieur Isaac-Sébastien de Castel-
« lane, surnommé en famille Théobald de
« Castellane, propriétaire, demeurant en la
« commune d'Aillas, canton d'Auros, arron-
« dissement de Bazas, département de la
« Gironde, et Monsieur Marie-Joseph-Bernard
« de Castellane, sous-lieutenant au 53° régiment
« d'infanterie, son fils, doivent-ils être considé-
« rés comme issus de la maison de Castellane,
« branche de Salernes ?
2° : « Dans l'affirmative, quelles armoiries
« doivent-ils porter ? »

Vu :

1° : Le contrat de mariage passé le 25 mai 1614 en la ville d'Ailhas, sénéchaussée d'Albret en Bazadois, par Boyrie, notaire royal à Loupiac, entre « Jehan Castellane, escuier, « habitant apud dudit Ailhas », et Jehanne de Lafargue, signé « Lafargue, decastellane, « etc., et Boyrie, notaire », et produit en expé- « dition sur papier timbré collationnée par « Me Georges Tillhet, docteur en droit, no- « taire à La Réole, sur la minute étant en sa « possession comme détenteur des minutes « dudit Boyrie ; ladite expédition revêtue du « seing et du sceau dudit Me Tillhet ;

2° : L'acte de baptême de Jean de Castellane, fils d'Antoine-Jean de Castellanne et de Jeanne de Lafargue, fait en l'église d'Aillas le 11 octobre 1615, « signé Rachet », curé, et produit en extrait délivré pour copie conforme, le 9 juillet 1885, par Monsieur Laulan, maire de la commune d'Aillas ; le dit extrait revêtu de son seing et du sceau de la Mairie ;

3° : L'acte de baptême de Marie de Castellane, fille de Jehan de Castellane et de Jehane de Lafargue, étant parrain Denis de

Castellanne, et marraine Marie de Lafargue, femme de Françoys de Lestang ; le dit acte fait en l'église d'Aillas le 1ᵉʳ août 1617, signé « Rachet, curé », et produit en extrait délivré pour copie conforme, le 9 juillet 1885, par Monsieur Laulan, maire de la commune d'Aillas ; le dit extrait revêtu de son seing et du sceau de la Mairie ;

4° : L'acte de baptême de Jehan et Guillaume Jautard, fils de Pierre Jautard et de Françoise Larue, fait en l'église d'Aillas le 10 novembre 1621, dans lequel apparaît en qualité de témoin le dit Denis de Castellane, qui signe au registre « De Sallernes », et produit en extrait délivré pour copie conforme, le 5 septembre 1885, par Monsieur Laulan, maire de la dite commune ; le dit extrait revêtu de son seing et du sceau de la Mairie ;

5° : L'acte de baptême de Jehan de Castellanne, fils de Denis de Castellane, escuier, et de Marie de Larue, fait en l'église d'Aillas le 1ᵉʳ novembre 1627, signé « Duban, vicaire », et produit en extrait délivré pour copie conforme, le 31 mai 1885, par Monsieur Laulan, maire de la commune d'Aillas ; le dit extrait revêtu de son seing et du sceau de la Mairie ;

6° : Le contrat de mariage passé le 14 avril 1648 par Bernoyé, notaire royal à Aillas, entre Jehan Castellanne, homme d'armes, habitant d'Aillas, fils naturel et légitime de Denis Castellanne et de Marie de Larue, d'une part, et Isabeau Saingresse, fille naturelle de noble André de Saingresse, écuyer, seigneur de Cuignos et d'Alon, et de Marie Meinié, habitants d'Aillas, d'autre part ; « le dict Cas-« tellanne faisant le contenu en ces présentes « par l'advis, conseilz, lissance et authoriza-« tion du dict Denis Castellanne et de la dicte « de Larue, ses dicts père et mère ;... se re-« servant neantmoingtz les dicts Castellanne « et Larue, père et mère au dict contractant, « de pouvoir donner et constituer en dot à leurs « filles quy sont à marier la somme de 600 « livres et pareils meubles qu'il a constitués « ce jour d'huy à Marguerite Castellanne, « leur fille, avec Guilhaumest Mellon par « contract reseu par moy » ; le dit contrat produit en expédition sur papier signée « Bernoyé, notaire royal ;

7° : Un contrat passé le 25 avril 1651 par Bernoyé, notaire royal à Aillas, « en la mai-« son de Marie Meinié apellée à Arnaud-de-

« Guilhem », par lequel la dite Marie Meinié
« faict cession et transport à Denis Castel-
« lanne, habitant du dict Ailhas, de la somme
« de 600 livres tournoisses... laquelle ditte
« somme de 600 livres tienderont lieu de
« paiement à la ditte Meinié sur la somme de
« 1100 livres restantes du dot par elle consti-
« tué à Yzabeau Sangresse, damoizelle sa
« filhe, en faveur du mariage d'entre elle et
« Jehan de Castellanne, homme d'armes,
« filx audict Castellanne » ; le dit contrat produit en expédition originale sur papier signée
« Bernoyé, notaire royal » ;

8° : L'acte de mariage entre Jehan de Castellane et Isabeau de Seingresse, célébré
en l'église d'Aillas le 29 avril 1651, signé « Bi-
ron, prêtre », et produit en extrait délivré
pour copie conforme, le 31 mai 1885, par
Monsieur Laulan, maire de la dite commune ;
le dit extrait revêtu de son seing et du sceau
de la Mairie ;

9° : L'acte de baptême de Pierre de Larue,
fils de Jacques de Larue et de Marie de Castellane, fait en l'église d'Aillas le 14 mai
1652, dans lequel apparaît en qualité de témoin le dit Jehan de Castellanne, qui signe

au registre « Sallernes » ; le dit acte produit en extrait délivré pour copie conforme, le 5 septembre 1885, par Monsieur Laulan, maire de la commune d'Aillas, et revêtu de son seing et du sceau de la Mairie ;

10° : L'ordre daté du camp de Parempuyre le 26 juin 1653, par lequel le duc de Candale, pair et colonel-général de France, général des armées de Sa Majesté en Guienne et provinces voisines, enjoint aux Consuls et habitants de diverses paroisses de payer diverses sommes au sieur du Coudray, mestre-de-camp d'un régiment de cavalerie, et spécialement aux Consuls et habitants d'Aillas de payer au dit mestre-de-camp la somme de quatre cents livres ; le dit ordre produit en copie au dos de laquelle est écrit : « Extrait vidimé, et col-
« lationnée a esté la susdicte coppie d'orde-
« nance par moy notaire royal soubgsigné et
« sur son original... ce requérant Messieurs
« de la Flèche et Saint-Paul, officiers au ré-
« giment de cavalerie de Monsieur du Cou-
« dray ; lequel susdict original avec la dicte
« présente coppie les dicts sieurs de la Flèche
« et Saint-Paul ont le tout retiré vers eux. Faict
« à Saint-Bazeilhe le 13ᵉ de juillet 1653. Ain-

« si signé : De Castellane Saint-Paul, La-
« flèche et J. Lacant, notaire royal » ;

11° : Le « Livre de raison » du dit Jean de Castellane, homme d'armes, auquel est écrit : « Le dimanche 5 septembre 1655 est né An-
« dré-François de Castellanne de Sallernes,
« fils de Jean Castellanne et d'Izabeau Sein-
« gresse, demoiselle son espouse » ; le dit livre de raison produit en original ;

12° : L'acte de baptême d'André de Castellane, fils de Jean de Castellane et d'Isabeau de Seingresse, fait en l'église d'Aillas, le 13 septembre 1655, signé « Couperie, vicaire », et délivré en extrait pour copie conforme, le 31 mai 1885, par Monsieur Laulan, maire de la commune d'Aillas ; le dit extrait revêtu de son seing et du sceau de la Mairie ;

13° : Le contrat passé par devant Debesse, notaire royal, le 29 janvier 1660, en la paroisse de Berlin, juridiction d'Aillas en Albret, par lequel sieur François de Las de Bourron, homme d'armes, fait cession et transport d'une rente en faveur de sieur Jean Castellanne, habitant dudit Aillas, et duquel sont extraits littéralement ces passages : « Et sur
« la part que le dict sieur de Castellanne a

« acquis.... sur Françoys de Lestang et Jeanne
« du Bourdieu sa famme.... Le dit de Las a
« faict et faict au dit SIEUR CASTELLANNE pour
« mesme et pareille somme de 60 livres que
« se montent les susdictes cessions, et laquelle
« somme de 60 livres le dict SIEUR DE CASTEL-
« LANNE avoit prins.... excepté les interestz
« d'icelle sy dessus rezervés par le dict SIEUR
« DE CASTELLANNE » ; le dit contrat produit en
« expédition signée « Debesse, notaire royal » ;

14° : Une quittance en date du 7 février 1660, commençant par ces mots : « J'ay receu de « MONSIEUR DE CASTELLANE la somme de qua- « torze escus sols » ; la dite quittance produite en original et signée « Degans » ;

15° : Le contrat de mariage passé le 1ᵉʳ juin 1662 par De Marsan, notaire royal à Ailhas, entre maître Jean Delabat, praticien, fils de feu maître Pierre de Labat, vivant procureur d'office en l'ordinaire de Brannens, et de Jeanne Raffard, habitants de la paroisse et juridiction de Sévignac, d'une part, et FRANÇOISE DE CASTELLANNE, fille de feu sieur DENIS DE CASTELLANNE et de feu Marie Delarrue, habitants de la juridiction d'Aillas en Albret, d'autre part ; « la dicte FRANÇOYZE DE CASTEL-

« LANNE, de l'advis, conseil, assistance de
« sieur JEAN CASTELLANE, son fraire, de Iza-
« beau de Sangresse, demoiselle, sa femme...
« En faveur duquel mariage le dict sieur JEAN
« CASTELLANNE... au nom et comme héritier
« au bénéfice d'inventaire desdicts feus DENIS
« CASTELLANNE et Marye Delarrue, ses dictz
« feus père et mère... a promis bailler et payer
« à la dicte future sa sœur, pour apporter au
« dict Labat futur » ; au bas duquel contrat sont :
1° Commandement au dit JEAN CASTELLANNE
d'avoir à payer au dit Labat, « mary de
FRANÇOYSE DE CASTELLANE », la somme de
600 livres ; 2° Quittance de même somme signée « De Labat » ; l'un et l'autre en date du
29 juillet 1670 ;

16° : Le contrat passé par devant Bonœil,
notaire royal à La Réole, le 5 septembre 1662,
par lequel noble homme Jehan d'Orgier,
écuyer, seigneur du Lucq, fait cession et transport, en faveur de « sieur JEHAN CASTELLANNE,
fermier de la viscompté d'Ailhas, et y habitant », d'une rente au capital de 200 livres, « à
laquelle somme la ranthe... c'est trouvée mon-
ter et dheue au dict SIEUR DE CASTELLANNE
comme fermier susdict » ; au bas duquel con-

trat est écrit : « Extrait vidimé, et collation-
« née a esté le présent contrat de cession par
« nous notaires royaux soubzsignés, sur une
« autre coupie à nous représentée par maître
« Françoys de Lussac.... et délivré la pre-
« sante à sieur JEHAN CASTELLANNE. Ailhas ce
« 9ᵉ octobre 1665. *Signé* : Sauteyron, notaire
« royal. »

17° : Une quittance en date d'Ailhas le 23
octobre 1663, ainsi libellée : « Je soubzsigné
« confesse avoir prins et receu de MONSIEUR
« DE CASTELLANNE la somme de douze livres
« pour quatre journées que j'ay vaqué à faire
« l'arpentheure et partaige des biens depen-
« dans de la meterie de Thomazeu. » La dite
quittance produite en original et signée « De-
farbode, arpenteur juré ».

18° : Le contrat de mariage passé le 30
juillet 1680 par De Larüe, notaire royal, en
la paroisse de Saint-Cibard de Meillan en Albret, entre sieur ANDRÉ CASTELLANNE DE SA-
LERNES, habitant de la juridiction d'Aillas, fils
légitime et naturel de feu sieur JEAN CASTEL-
LANNE et d'Isabeau Saingresse, damoiselle,
d'une part, et Marie Causade, damoiselle, fille
légitime et naturelle de sieur Mathieu Cau-

sade et de feu Madeleine Teysenei ; « proce-
« dant le dict sieur de Salernes de l'avis et
« conseil de la dicte damoiselle Saingresse, de
« Marye Meynier, sa grand'mère, et de sieur
« Jean Castellanne, son frère, de Catherine
« Castellanne, vefve de feu maistre Estienne
« Thoumaseau…. La dite damoiselle de Sain-
« gresse…. le dict sieur Salernes…. » ; le
dit contrat produit en expédition sur parchemin au timbre de la Généralité de Bordeaux ;

19° : L'acte de mariage entre André Castellanne, sieur de Salerne, habitant d'Aillas, et Marie Caussade, demoiselle du lieu de
Meilhan, célébré en l'église du dit lieu, le 17
septembre 1680, le dit acte signé « de
Boulmey, curé,… Salerne, marié, » et produit en extrait délivré pour copie conforme, le 1er juin 1885, par Monsieur Emile
Joussaume, maire de Meilhan, revêtu de son
seing et du sceau de la Mairie ;

20° : Une reconnaissance en date d'Aillas
le 22 janvier 1682, par laquelle, d'accord avec
son créancier, « Michel Delucq.., déclare deb-
« voir à sieur André Castellanne, sieur de
« Sallernes, habitant du dict Ailhas,… la

« somme de neuf livres tournoises... laquelle
« somme de neuf livres le dict Dulucq promet
« payer au dict SIEUR SALLERNES » ; la dite reconnaissance produite en original sur papier au timbre de la Généralité de Bordeaux et signée « Dulucq, SALERNE » ;

21° : L'acte de baptême de JEAN DE CASTELLANNE, né le 28 mars 1691 à Aillas, fils naturel et légitime de Monsieur ANDRÉ DE CASTELLANNE, lieutenant dans l'ordinaire d'Aillas, et de demoiselle Marie Caussade, fait en l'église d'Aillas le 29 des dits mois et an, en présence de sieur MATHIEU DE CASTELLANE, signé « DE CASTELLANE, G. Bertrand, vicaire perpétuel », et produit en extrait délivré pour copie conforme, le 31 mai 1885, par Monsieur Laulan, maire de la commune d'Aillas, revêtu de son seing et du sceau de la Mairie ;

22° : Une lettre en date de La Réole le 23 septembre 1696, portant en suscription : « A
« Monsieur Monsieur CASTELLANNE, SIEUR DE
« SALERNES, lieutenant au siège d'Aillas, à Aillas » ; la dite lettre produite en original et signée « Guygnet » ;

23° : Autre lettre en date du Château-Trompette le 9 janvier 1704, portant en suscription : « A Monsieur Monsieur DE SALERNES, « lieutenant de la compagnie du sieur Labar- « the, à présent à Aillas » ; la dite lettre produite en original et signée « Laulan » ;

24° : Une lettre en date de Noaillac, 20 juillet 1709, portant en suscription « A Mon- « sieur MONSIEUR DE SALERNES, SIEUR DE « CASTELLANNE, au Béoü », signée « Caussade, » et produite en original ;

25° : Les Archives du Ministère de la Guerre, desquelles il conste que le sieur « SALERNE » entra le 3 mai 1712 au régiment de Santerre en qualité de sous-lieutenant et fut réformé en 1715 ;

26° : Une sentence du juge d'Aillas, rendue le 20 mai 1712 « à la requête d'ANDRÉ CASTELANNE, SIEUR DE SALERNES, au nom et comme fermier de Son Altesse Monseigneur le duc de Bouillon et d'Albret » ; la dite sentence produite en expédition sur papier au timbre de la Généralité de Bordeaux ;

27° : Un contrat de sous-affermage des cens et autres droits appartenant à Son Altesse Monseigneur le duc de Bouillon et d'Albret en la juridiction de Meilhan, passé à La Mothe en Albret, le 7 novembre 1713, par ANDRÉ

Castellanne, sieur de Salernes, habitant de la paroisse d'Aillas, et dans lequel sont mentionnés divers arrérages de rentes dues « au dit sieur de Salernes » ; le dit contrat produit sur papier au timbre de la Généralité de Bordeaux, en copie contrôlée à l'original par Dabadie, notaire royal ;

28° : Le contrat de mariage passé le 20 juillet 1714 par Lafargue, notaire royal, à Aillas en Albret, en la maison de sieur André Castellanne de Salerne, entre sieur Luc Poytevin, bourgeois de La Réole, habitant de la paroisse de Noaillac, d'une part, et « Jeanne Castellanne de Salerne, demoiselle, fille naturelle et légitime dudit sieur de Salerne et de feue demoiselle Marie Caussade » ; ledit contrat produit sur papier au timbre de la Généralité de Bordeaux, en expédition contrôlée sur l'original par le dit notaire et revêtue de son seing ;

29° : Autre contrat de mariage passé le 2 décembre 1714, à Aillas, par le même notaire, entre « sieur Jean Sallernes, lieutenant au régiment de Saternes (Santerre), fils naturel et légitime de sieur André Castellane de Salernes et de feue demoiselle Marie Caussade, habitant au dit Aillas, d'une part, et demoiselle Catherine Delas, fille naturelle et légitime de feu sieur Claude Delas de Coulomb et de demoiselle Marie-Anne de Forcade, habitante du dit Aillas, d'autre part ; « procédant le dit « Salernes futur de l'avis et consentement « du dit sieur André Salernes père » ; auquel contrat est mentionnée « la quatrième partie des constitutions faites (par le dit André Castellane de Salernes) aux demoiselles ses filles, avecq la quatrième partie de constitution pareille ou léguat qui sera fait à Margeritte Salernes, demoiselle à marier » ; le dit contrat contrôlé à Aillas le 15 décembre 1724, et produit en deuxième expédition, la première ayant été faite sur parchemin ;

30° : L'acte de mariage entre sieur Jean Castellane, sieur de Salerne, lieutenant au régiment de Santerre, et demoiselle Catherine Delas de Coulomb, habitants de la paroisse d'Aillas, le dit mariage célébré le 20 mars 1716 en l'église paroissiale du dit lieu « en « conséquence de l'arrêt de la Cour du Parle- « ment du 3ᵉ aoust 1715 et des lettres prises « en Chancellerie sur ycelui le 20ᵉ novembre

« de la dite année 1715 » ; le dit acte signé « Jean Castellane de Salerne,... J. Castellanne, J. Salerne de l'Oytevin... Larrat, curé d'Aillas et Berlin », et produit en extrait délivré pour copie conforme, le 31 mai 1885, par M. Laulan, maire d'Aillas, et revêtu de son seing et du sceau de la Mairie ;

31° : Autre acte de mariage célébré en la paroisse de Sainte-Eulalie de Bordeaux le 15 octobre 1718, auquel acte est dit : « L'an « 1718 et le samedy 15° octobre, après la célé-« bration des fiançailles faites en cette église « le 27° aoust dernier entre Monsieur André « de Castellane, sieur de Salerne, lieute-« nant de la jurisdiction d'Aillias en Albret, « d'une part, et demoiselle Gratiane Gasquet, « fille de deffuns sieur Georges Gasquet, bour-« geois de cette ville, et de Marie Joffre, de « cette paroisse, d'autre part ; et après avoir « publié aux prônes des messes paroissiales « les trois bans de leur futur mariage ;... l'acte « d'opposition fait et signé du 19° septembre « dernier, à la requeste de sieur Mathieu Cas-« tellane de Salerne, capitaine d'infanterie; « l'acte de département de la dite opposition « faite du 6° du courant... Je soussigné, pres-

« tre, vicaire de cette paroisse, leur ay imparty
« la bénédiction nuptiale. *Signé au registre :*
« Salerne époux, etc. » ; le dit acte extrait du
registre des actes de mariage de la dite paroisse, de l'an 1718, série GG., registre 346,
acte 515, et délivré pour extrait conforme,
le 1ᵉʳ juin 1885, sur feuille timbrée, par Monsieur Dubost, adjoint au maire de Bordeaux
délégué ; le dit extrait revêtu de son seing et
du sceau de la mairie, et portant légalisation
de la signature du dit adjoint par le juge du
tribunal de première instance de Bordeaux,
délégué par Monsieur le Président, le 2 des dits
mois et an ;

32° : Une requête sans date adressée « à
Monseigneur le Marquis d'Axfel, lieutenant
général des armées du Roy et commandant-
général dans la province de Guienne », par André Castellanne de Salerne, à laquelle est
annexée une promesse en date d'Aillas le 19
septembre 1715, signée « De Labourgade » et
commençant ainsi : « Je promets payer à Mon-
« sieur de Salerne la somme de 60 livres pour
« retour d'un trocq de cheval » ; au bas de laquelle requête est « l'ordre de communiquer le
« tout au dit sieur De Labourgade pour y ré-

« pondre dans huit jours », en date du 23 août 1719 et signé « dasfeld » ; le tout produit en original ;

33°: Une lettre en date de Bordeaux le 15 septembre 1725, portant en suscription » à « Monsieur Monsieur DE SALERNE, lieutenant « de la jurisdiction, Aillas » ; la dite lettre produite en original et signée « Beyle » ;

34° : L'acte passé pardevant Pierre Chevassier, juge civil et criminel de la juridiction d'Aillas en Albret, le 8 janvier 1728, contrôlé au dit Aillas le 22 du même mois, par lequel « sieur JEAN CASTELANNE DE SALERNES, lieutenant d'infanterie, habitant de la paroisse du Grand Aillas », est émancipé par « maistre ANDRÉ CASTELANNE, lieutenant de cette jurisdiction, son père » ; le dit acte produit en original sur papier au timbre de la Généralité de Bordeaux ;

35°: L'acte de baptême d'ETIENNE CASTELLANE SALERNE, né le 30 août 1729 à Aillas, fils naturel et légitime à sieur JEAN CASTELLANE SALERNE et à demoiselle Catherine Delas de Coulomb, fait en l'église d'Aillas le 31 des dits mois et an, étant marraine du dit Etienne « demoiselle MARIE DE CASTELLANE, sœur » ; le dit acte signé « Larrat, prêtre », et produit en extrait délivré pour copie conforme, le 31 mai 1885, par Monsieur Laulan, maire de la commune d'Aillas ; le dit extrait revêtu de son seing et du sceau de la Mairie ;

36° : Le testament de « NOBLE ANDRÉ DE
« CASTELLANNE DE SALERNE, habitant de la
« juridiction d'Aillas en Albret et y habitant,
« étant maintenant à Bordeaux », dans lequel
« déclare le dit testateur avoir été marié avec
« demoiselle Marie Causade, duquel mariage
« sont nés MATHIEU, MARIE, JEANNE, MARGUE-
« RITE, JEAN et MARIANNE CASTELLANNE DE
« SALERNES ; ladite MARIE a été mariée avec
« le sieur Etienne de Larue, laquelle est du
« depuis décédée... Ladite JEANNE DE CAS-
« TELLANNE a été mariée avec le sieur Luc
« Poitevin... Ladite MARIANNE a été mariée
« avec le sieur Dupuy de Gaston, escuyer...
« Donne, lègue le dit testateur à la dite MAR-
« GUERITE CASTELLANNE DE SALERNE, sa fille
« à marier, la somme de trois mille livres.....
« Déclare encore le dit testateur être joint en
« mariage en secondes noces avec demoiselle
« Julienne Gasquet, duquel mariage il n'a pas
« eu d'enfans..... Institue ses héritiers géné-
« raux et universels, de son chef et du chef

« de la dite demoiselle Caussade sa femme, les
« dits Mathieu et Jean de Castellanne de
« Salernes ses enfants malles.... Et pour
« l'exécution de son présent testament nomme
« les dits Mathieu et Jean de Castellanne
« ses enfants... Signé à la minute : Castel-
« lanne de Salernes, testateur. » Le dit testament fait à Bordeaux le 19 août 1730, reçu
De Janneau, notaire royal, contrôlé et insinué
à Bordeaux le 24 janvier 1731 ; « vidimé et
« collationné par moy, notaire royal de la ville
« et seneschaussée de Saint-Sever soussigné,
« sur l'original en forme à nous représenté et
« à l'instant retiré par Noble Etienne de
« Castellanne de Salerne, officier d'infan-
« terie.... Et a le dit sieur de Castellane de
« Sallernes signé avec nous. Fait à Bordeaux
« le 14 octobre 1787. Signé : Castellane de
« Salerne, Dutroy notaire royal. Contrôlé à
« Magetmau le 14 octobre (*rongé*). » Au bas
duquel testament est le certificat suivant :
« Nous noble Bernard de Busquet, escuyer,
« seigneur d'Arrimbles, conseiller du Roy,
« doyen au Sennéchal de Saint-Sever, certi-
« fions la signature de maître Dutroy... A Saint-
« Sever, le 16 octobre 1787. » Le dit certificat

« revêtu du seing et du sceau des armes du dit
« doyen ;

37° : L'acte de partage, fait à Aillas le 29
août 1731, entre « messire Jacques de La-
« vissière, escuyer, conseiller du Roy et tré-
« sorier général de France en la généralité de
« Bordeaux, et sieur (*le prénom en blanc*) Sa-
« lernes le cadest, du bien qu'ilz ont acquis,
« ou leurs pères ou mères, de Bertrand ou
« Jorge Dussaux frères » ; le dit acte produit
en original et signé « De la Vaissière, Castel-
« lanne de Salerne » ;

38° : L'acte d'accord, passé à Bordeaux le
6 mars 1734, et dont suit extrait : « Nous
« soussignés, Mathieu et Jean Castellanne
« de Sallerne, antiens capitaine et lieutenant
« d'infanterie, fils et héritiers testamentaires
« de feu maître André Castellanne de Sal-
« lerne, lieutenant de la juridiction d'Aillas,
« et Gratianne Gasquet, veuve dudit sieur
« Castellanne de Sallerne, pour nous régler
« sur tout ce quy auroit peu faire quelque su-
« jet ou occasion de contestation entre nous,
« sommes convenus, par l'advis et médiation
« de messieurs le Doulx et Baulle, escuyers,
« advocats en la Cour, de ce quy suit, sçavoir

« que comme il est deub à moy demoiselle
« Gasquet sur la succession du dit feu sieur
« ANDRÉ DE CASTELLANNE DE SALLERNE mon
« mary.... Et s'estant trouvé dans la succes-
« sion du dit feu SIEUR DE SALLERNE la somme
« de 757 livres d'argent monnoyé... laquelle
« somme.... restera entre les mains des dits
« SIEURS SALLERNE frères... Lesdits SIEURS SAL-
« LERNE ne paieront aucun intérêt pendant six
« mois à compter du décèds du dit feu SIEUR
« SALLERNE mon mary ; » le dit accord
produit en original et signé « CASTELLANNE
« DE SALERNE, SALERNE, GASQUET DE SA-
LERNE » ;

39°: L'acte de partage, fait à La Réole le
21 juillet 1732, entre « MATHIEU ET JEAN CAS-
« TELLANNE DE SALERNE, capitaine et lieute-
« nant d'infanterie, habitans de la paroisse du
« Grand Aillas, cohéritiers de feu maître AN-
« DRÉ CASTELLANNE DE SALERNE et de Marie
« Causade, nos père et mère... Il est convenu
« que moy JEAN SALERNES demeure chargé du
« payement..... Et moy JEAN CASTELANNE
« consens aussy que ledit sieur MATHIEU mon
« frère..... de l'année du décès du dit SIEUR
« SALERNES notre père..... » ; le dit acte pro-

duit en original et signé « Salerne, Castel-
« lanne de Salerne » ;

40° : Une promesse écrite à La Réole le
20 décembre 1732, ainsi conçue : « Nous pro-
« mettons à Monsieur de Lavoissière Cap-
« chicot, ecuyer, de lui remettre dans le délai
« de huitaine les mémoires des prétentions de
« demoiselle Marie-Anne Castellanne de
« Salerne notre sœur, aussi bien que son
« contrat de mariage..... que ledit sieur de
« Lavissière nous a donné en communica-
« tion. » La dite promesse produite en original
et signée « Salerne, Castellanne de Sa-
« lerne » ;

41° : L'acte de règlement de compte fait à
La Réole en Bazadois le 25 décembre 1733,
par devant Fautoux, notaire royal, entre
« dame Marie-Anne Castellanne de Salerne,
« veuve de noble Gaston Dupuy, écuyer, ha-
« bitante de la paroisse de Gironde, d'une
« part, et sieur Mathieu Castellane de Sa-
« lerne, ancien capitaine au régiment de
« Vassan infanterie, et Jean Castellanne de
« Sallerne, son frère, ancien lieutenant d'in-
« fanterie au régiment de Santerre, habitant
« de la paroisse d'Ailhas en Albret » ; dans

lequel acte il est relaté qu' « à la dite MARIE-
« ANNE SALERNE a été constitué, dans son
« contrat de mariage avec le dit sieur Dupuy,
« par Maître ANDRÉ CASTELLANNE DE SALLERNE,
« vivant lieutenant de la juridiction d'Ailhas,
« son père, etc. », et fait mention de feu
« ESTIENNE SALLERNE, » fils du dit André.
« Et comme la dite demoiselle SALERNE re-
« connoît avoir receu des dits sieurs ses frères
« (Mathieu et Jean susnommés) une somme
« de 900 livres en capital à compte, ladite
« somme de 2,500 livres demeure réduite à
« celle de 2,300 livres de laquelle le dit sieur
« SALERNES aîné sera teneu... Les dites parties
« sont tout présentement venues à comte des
« payements faits par les dits SIEURS SALLERNES
« et le dit feu sieur ANDRÉ SALERNE leur père...
« et toutes déductions et compensations fai-
« tes, les dits SIEURS DE SALLERNES se sont
« trouvés redevables, etc. » ; le dit règlement
de compte contrôlé et insinué à La Réole le
5 janvier 1734, et produit en original, au bas
duquel sont transcrits : 1° un arrêt du parlement de Bordeaux, rendu le 30 juillet 1740
sur la requête de dame MARIE-ANNE CASTEL-
LANNE DE SALERNE, veuve de noble Gaston

Dupuy, écuyer, et portant injonction de lui faire payer sans délai un reliquat de 1,050 livres par sieur Mathieu Castelanne de Salerne, ancien capitaine au régiment de Vassan infanterie ; 2° un commandement conforme, signifié audit sieur Mathieu Castelanne de Salernes à la requête de Marie-Anne Castelanne de Salernes, demoiselle sa sœur ;

42° : Un mandat de paiement daté de Floudès (près la Réole) le 23 septembre 1734, commençant ainsi : « Arnaud Julian, payés « pour moi à Mademoiselle Salerne 37 li- « vres 12 sols », signé « Salerne », au bas duquel est la quittance suivante, en date de Bordeaux le 24 décembre 1734 : « Jay receu « d'Arnaud Julian, à la deschargé de Monsieur « Sallerne, la somme de 38 livres 12 sols.... « le tout sans préjudice des intérêts qu'il me « doit solidairement avec Monsieur son frère... « depuis le décès de feu Monsieur Sallerne, « mon mary et leur père. » La dite quittance signée « Gasquet desalerne » ; le tout produit en original ;

43° : Une quittance, en date de La Réole le 30 juin 1735, passée par devant Fautoux, notaire royal et contrôlée au dit lieu le même jour, par laquelle la « DAME DE SALERNES, « veuve du feu sieur Dupuy » reconnaît avoir reçu du « SIEUR DE SALERNES son frère » la somme de 600 livres, et dans laquelle se lit : « La ditte DAME SALERNES proroge par ses « presantes..... Neantmoins la ditte DAME DE « SALERNES..... » ; la dite quittance produite en original ;

44° : L'acte d'enregistrement, au greffe de la juridiction d'Aillas, de la nomination de « père spirituel en la paroisse du Grand Aillas » faite par les religieux mineurs réformés de la régulière observance de Saint François de La Réole en faveur de « sieur MATHIEU CASTELLANE DE SALERNES, ancien capitaine, habitant de la dite paroisse » ; le dit acte fait à Aillas le 11 août 1735, et produit en expédition sur papier au timbre de la Généralité de Bordeaux ;

45° : Un contrat de vendition du bois Feysonat, faite à Aillas le 14 novembre 1737 à Jean Grignon et autre Jean Grignon, père et fils, par « MATHIEU CASTELLANNE DE SALERNES, « ancien capitaine d'infanterie », signé « SA-« LERNE » ;

46° : Autre contrat de vendition de divers fonds, faite le 2 octobre 1738 « dans la pa-

« roisse et juridiction d'Aillas, maizon et do-
« micille de sieur Mathieu Castellane de Sa-
« lernes aîné, en Albret », à sieur Jean Lou-
bert, par le dit sieur Mathieu de Castellane
de Salernes » ; auquel contrat se lit : « En-
« semble vend le dit sieur Salernes au dit Lou-
bert les arbres, etc. » Le dit contrat « signé à
la minutte : Salerne, vandeur susdit », contrôlé et insinué à La Réole le 3 octobre 1738,
et produit en deuxième expédition sur papier
au timbre de la Généralité de Bordeaux, « la première faite et délivrée sur parchemin timbré » ;

47° : Un arrêt du Conseil, rendu le 23 décembre 1740 et portant injonction de faire
payer à « nostre amé Mathieu Castellane
« de Salernes, ancien capitaine d'infanterie,
« toutes les sommes qui apparoissent lui estre
« bien et légitimement dues » ; le dit arrêt produit en expédition sur parchemin timbré ;

48° : Un mandat de paiement de la somme
de 90 livres, fait à Aillas, le 26 mars 1745, au
profit de Monsieur De Labassie, contrôlé à
Meilhan le 1ᵉʳ mai 1745, signé « Salerne de
« Castellanne », et produit en original ;

49° : Une promesse de paiement de la somme

de 275 livres, passée à Aillas le 15 février 1746 au profit de Monsieur Poytevin, contrôlée à La Réole le 21 juillet 1751, signée « Salerne de Castellanne », et produite en original ;

50° : Autre promesse de paiement passée à La Réole le 17 janvier 1750 au profit de Monsieur de Lavissier Capchicot, contrôlée au dit lieu le 20 octobre 1779, signée « Salerne de Castellanne », et produite en original ;

51° : Le contrat de mariage passé le 7 octobre 1750 par Lussac, notaire royal, au Grand Aillas en Albret, entre sieur Joseph Labrunie, bourgeois de la ville de Nérac, fils naturel et légitime de sieur Joseph Labrunie, aussi bourgeois de Nérac, et de demoiselle Jeanne Lafontan, d'une part, et demoiselle Françoise-Orgille Castellanne de Salerne, fille naturelle et légitime de sieur Jean Castellanne, ancien officier d'infanterie, et de demoiselle Catherine Delas de Coulomb, d'autre part ; la dite future procédant « du consentement et de « l'avis de ses dits père et mère ; de sieurs « Etienne, Bernard, Marguerite, autre Mar- « guerite Castellanne de Salerne, ses frères « et sœurs ; de damoiselle Margueritte Cas-

« Tellanne de Salerne sa tante ; de damoi-
« selle Catherine Salernes sa cousine, de
« sieur Etienne Castellanne son cousin...
« En faveur et contemplation duquel mariage
« ont été presants les dits sieurs de Castel-
« lanne et la dite damoiselle de Delas de Cou-
« lomb » ; le dit contrat contrôlé et insinué au
bureau de Meillan le 17 octobre 1750, et produit en expédition authentique au bas de laquelle est inséré un arrêt du Parlement de
Bordeaux rendu le 15 décembre 1762 et or-
donnant « de mettre à deue et entière exécu-
« tion le contrat de mariage passé entre l'ex-
« posant (Joseph Labrunie) et demoiselle
« Françoise-Orgille Castellanne de Saler-
« nes, en date du 7 octobre 1750, et d'y con-
« traindre par toutes voyes deues et resonna-
« bles sieur Jean Castellanne, ancien officier
« d'infanterie, et tous autres qu'il appar-
« tiendra » ; le dit arrêt suivi d'un commandement signifié de par le Roi, à la requête de
sieur Joseph Labrunie, à sieur Jean Castellanne, ancien officier d'infanterie, d'avoir à
payer audit requérant la somme de 2000 livres
de capital portée par le dit contrat ;

52° : L'assignation faite le 23 juillet 1751,

à la requête de sieur Lucq Poitevin, bourgeois de La Réole, agissant au nom et comme héritier testamentaire de feue Jeanne Castellanne de Salernes, demoiselle son espouse, « à sieur Mathieu Castellanne de Salernes, « ancien capitaine d'infanterie, et à sieur Jean « Castellanne de Salernes, ancien lieute- « nant d'infanterie, son frère, tous deux habi- « tants d'Aillas,... pour se voir condemner de ve- « nir à diviser le partage des biens et hérédité de « feu (*le prénom en blanc*) Castellanne de « Salernes et de demoiselle Caussade, père « et mère des dits assignés et de la dite feue « demoiselle Jeanne Castellanne, ensemble « de ceux délaissés par feu Estienne Castel- « lanne de Salernes, ancien lieutenant d'in- « fanterie, leur frère décédé » ; la dite assignation contrôlée à La Réole le 26 juillet 1751 et produite en original ;

53° : Une requête en date d'Aillas le 21 décembre 1755, adressée à Monseigneur d'Hourville, lieutenant général des armées du Roi et commandant la Haute et Basse Guienne, et commençant ainsi : « Mathieu Castellanne « de Salerne, ancien capitaine d'infanterie, « vous représente très-humblement » ; la dite requête signée « Castellanne de Salerne », et produite en original ;

54° : Un brevet en date de Paris le 12 décembre 1756, enregistré au registre des enregistrements des brevets du trésor du château de Nérac le 27 du dit mois, contrôlé à Bazas le 2 juin 1757, par lequel le duc de Bouillon et d'Albret donne au sieur Raffard, notaire Royal, « le droit de rétention, prélation et « retenue féodale à Nous appartenant sur la « vente faite par sieur Jean Castellanne de « Sallernes à Jean Duluc, d'une maison et « jardin dans Aillas, suivant le contrat du 23 « juin 1756 passé par Lussac, notaire ; » le dit brevet signé « Le duc de Bouillon » et produit en original ;

55° : Une lettre sans date, mais paraissant avoir été écrite vers 1760, signée « l'Abbé de Salerne, prêtre », portant en suscription : « A Monsieur Monsieur Tampouy le cadest, « sur son bien de campagne, à Labeyse, « paroisse d'Aillas », et contenant ce passage : « Je suis ici sur la fin de ma re- « traite en attente de la cure d'Aillas » ; ladite lettre produite en original ;

56° : L'acte d'accord passé à Aillas, le 6

mai 1761, entre le sieur Lagrange Thoumazeau et Monsieur Castellanne de Salerne, au sujet d'une somme de 200 livres « à compte « de laquelle somme le dit Sieur de Castel-« lanne en a compté celle de 30 livres » ; en marge duquel est une quittance du dit sieur Lagrange Thoumazeau commençant ainsi : « Du mois d'octobre 1762 je receu de Monsieur Salernes, etc. » ; le dit accord produit en original ;

57° : Le testament de « Noble Mathieu « Castellanne de Salernes, ancien capitaine « d'infanterie, habitant de la paroisse du « Grand Ailhas, par lequel donne et lègue le « dit testateur à Marie Joret, actuellement sa « servante, la somme de 200 livres… Institue « pour son héritier général et universel sçavoir « sieur Etienne Castellanne son neveu, fils « à sieur Jean Castellanne de Salernes, an-« cien officier d'infanterie » ; le dit testament fait au Grand Ailhas le 15 novembre 1763, reçu Lussac, notaire Royal, signé à l'original « Castellanne de Salernes », contrôlé et insinué à Meilhan le 17 octobre 1770, et produit en expédition authentique, à la suite de laquelle est l'assignation donnée par demoiselle Marguerite Larrue, veuve Cabanieulx,

au dit Etienne Castellanne « à venir à divi-
« sion et partage des biens de la succession de
« feu noble Mathifu Castellanne de Salernes
« leur oncle commun » ;

58° : Le contrat de mariage passé le 21 novembre 1763 par Lussac, notaire Royal, au
Grand Aillas en Albret, entre Noble Jean de
Noyers, écuyer, habitant de la paroisse de
Villandraut en Bordellès, fils naturel et légitime de Noble Bernardin de Noyers, écuyer,
et de feue dame Paule de Sarrat, d'une part, et
demoiselle Marguerite Castellanne de Salernes, fille naturelle et légitime de noble
Jean Castellanne de Sallernes et de dame
Catherine Coulomb, d'autre part ; le dit contrat contrôlé à Meilhan les dits jour et an,
produit en deuxième expédition sur papier au
timbre de la Généralité de Bordeaux, la première en parchemin, et signé à l'original :
« Salerne de Castellanne, Noyers père, de
« Castellanne, De Noyers fils, Castellanne,
« Marguerite Castellanne » ;

59° : Le testament de sieur Jean Castellanne
de Salernes, ancien officier d'infanterie, habitant de la paroisse du Grand Aillas, dans lequel « dit le dit sieur Castellanne de Salernes

« avoir été joint en mariage avec feue demoi-
« selle Catherine Delas de Coulomb et duquel
« sont provenus et de présent en vie, sçavoir
« sieurs Étienne, Antoine, Marie-Gratienne,
« mariée à sieur Joseph Labrunie, Marguerite-
« Angélique, Françoise, Marguerite, mariée à
« Monsieur de Noyers, et Marguerite CASTEL-
« LANNE DE SALERNES », et est nommée feu demoiselle Marguerite CASTELLANNE DE SALERNES,
sœur du testateur ; le dit testament fait au
Grand Aillas le 5 avril 1766, signé « SALERNE
DE CASTELLANNE » reçu Lussac, notaire
Royal à la résidence d'Aillas en Albret,
contrôlé à Meilhan, et produit en extrait sur
papier timbré délivré le 4 juin 1885, « à Mon-
« sieur THÉOBALD DE CASTELLANE, descendant
« de Monsieur JEAN CASTELLANE DE SALERNES »,
par maître Estingoy, licencié en droit, notaire
à la résidence d'Aillas, conforme à la minute
étant à sa possession en sa qualité de successeur médiat de Maître Lussac, ci-devant notaire
à Aillas ; le dit extrait signé « J. Estingoy » ;

60° : Le contrat de mariage passé le 27 juin
1767 par Lussac, notaire Royal, à Aillas, entre
NOBLE ETIENNE CASTELLANNE DE SALLERNES, ancien officier d'infanterie, habitant de la paroisse

et juridiction d'Aillas en Albret, fils naturel et légitime de Noble Jean Castellanne de Sallernes, aussi ancien officier, et de feu demoiselle Catherine Delas de Coulomb, d'une part, et demoiselle Françoise Bignon Duverdier, d'autre part, signé « Castellanne (futur), Salerne de Castellanne (père), Montfort, Castellanne de Montfort, Castellanne » ; ledit contrat contrôlé à Meilhan le 1ᵉʳ juillet 1767, et délivré sur papier timbré, le 12 mai 1885, en copie collationnée sur la minute étant en possession de Maître Joseph Estingoy, licencié en droit, notaire à la résidence d'Aillas ; de laquelle minute il est en possession en sa qualité de successeur médiat dudit maître Lussac ;

61° : L'acte de mariage entre Noble Etienne Castellane de Salerne, ancien officier d'infanterie, fils majeur de sieur Castellane de Salerne, aussi ancien officier d'infanterie, et de demoiselle Catherine Coulomb, d'une part, et demoiselle Françoise Bignon, fille majeure de sieur Bernard Bignon et de demoiselle Marguerite Augan, d'autre part, célébré le 30 juin 1767 en l'église d'Aillas ; ledit acte signé à l'original « Mongin, curé,... Castellané, de Bignon, lieutenant particulier de Bazas, Marguerite Castellane, Castellane de Montfort, Castellane, Montfort, etc. », et produit en extrait délivré pour copie conforme, le 31 mai 1885, par Monsieur Laulan, maire d'Aillas; ledit extrait revêtu de son seing et du sceau de la Mairie;

62° : L'acte de baptême de Jean-Baptiste de Castellane de Salerne, né le 20 avril 1769 à Aillas, fils légitime de Noble Etienne de Castellane de Salerne, ancien officier d'infanterie, et de dame Françoise Bignon, fait en l'église d'Aillas le 22 desdits mois et an, signé « Garbay de Lafont, curé », et produit en extrait délivré pour copie conforme, le 31 mai 1885, par Monsieur Laulan, maire d'Aillas; ledit extrait revêtu de son seing et du sceau de la Mairie;

63° : L'acte de baptême de Joseph de Castellanne, né le 10 octobre 1774 à Aillas, fils légitime de sieur Etienne de Castellanne, officier d'infanterie, et de dame Françoise Bignon, fait en l'église d'Aillas le même jour, étant parrain Joseph-Alexandre de Labrunie, et marraine dame Marguerite de Noyers de Castellanne; à la suite duquel acte, signé « Peyneau, curé », est cette déclaration: «Je soussi-

« gné, prêtre et curé du Grand Aillas, diocèse
« de Bazas, certifie avoir tiré du registre de
« la présente paroisse l'extrait de baptême ci-
« dessus sans y avoir rien ajouté ni diminué.
« Je certifie aussi qu'on a omis la qualité de
« Noble que le sieur Noble Etienne de Castel-
« lane a pris dans les baptêmes de ses autres
« enfants, ainsi qu'il est constaté dans les re-
« gistres de la présente paroisse, et qu'il a pris
« dans ses lettres d'officier, ainsi que tous ses
« ancêtres l'ont fait dans tous leurs actes, et
« pour confirmer ce que j'avance, je joins cy
« à la suite l'extrait de baptême de Jean-Bap-
« tiste Castellane, frère aîné de Joseph de
« Castellanne cy dessus. En foy de quoy j'ay
« délivré le présent extrait à Aillas le 29 jan-
« vier 1786. *Signé :* Restouilh, curé du Grand
« Aillas. »

64° : Une lettre en date de La Réolle le samedi 14 février 1778, portant en suscription « A Monsieur Monsieur Castellanne de Salernes, officier d'infanterie à Aillas », signée « Lavaissiere De Verduzan », et commençant ainsi : « M. De Bonsol, mon cher Cas-
« tellanne, doit venir lundi matin à la Basse
« Cour i chasser un liévre avec M. le comte

« de Tonnerre et quelques messieurs de cette
« ville. Si vous vouliés être de cette partie,
« etc. » ; la dite lettre produite en original ;

65° : Autre lettre en date de Paris le 11 août 1778, portant en suscription « A Monsieur Monsieur « Salernes de Castellanne, officier d'infante-« rie, à la Réolle sur Garonne, pour Ailhas », signée « l'abbé Bentejac », et dans laquelle il est dit que ledit sieur Salernes de Castellanne sert depuis vingt-sept ans, qu'il est actuellement lieutenant, et que le chevalier de Saint-Sauveur doit présenter au Prince de Montbarrey, ministre de la guerre, un mémoire pour lui faire obtenir la croix de Saint-Louis et une pension ; ladite lettre produite en original portant le timbre de la poste ;

66° : Autre lettre en date de Paris le 23 août 1778, portant en suscription : « A Monsieur « Monsieur de Castellanne, lieutenant au ba-« taillon de garnison du Régiment de Médoc, « à La Réole en Guyêne », signée « le cheva-« lier de Saint-Sauveur », et par laquelle ledit chevalier assure ledit Monsieur de Castellanne qu'il fera « tout ce qui dépendra pour contri-« buer à lui procurer la grâce qu'il désire et

« qu'il mérite si bien par ses services » ; ladite lettre produite en original portant le timbre de la poste ;

67° : Autre lettre en date de Paris le 1ᵉʳ novembre 1779, adressée par ledit chevalier de Saint-Sauveur « A Monsieur Salerne de Cas-« tellane, à Aillas », et produite en original ;

68° : Autre lettre du même, en date de Paris le 28 décembre 1779, adressée « A Monsieur « Monsieur de Castellane Salerne, à Ail-« has en Guyenne », et produite en original portant le timbre de la poste ;

69° : Une quittance de la somme de 200 livres passée à Bazas, le 30 septembre 1780, par devant Cazemajour, notaire Royal, par Marie Joret, au profit de « Monsieur de Castellane, « ancien lieutenant d'infanterie, comme héri-« tier de fû Monsieur Salernes, ancien capi-« tayne d'infanterie, habitant de la paroisse « d'Aillas en Albret... et ce pour pareille « somme de 200 livres léguée par mondit fû « Sieur de Sallernnes à ladite Joret par son « testament qu'elle a déclaré avoir été retenu « par fû maître Lussac, notaire audit Aillas, « il y a environ dix-sept ans, et avoir été con-« trollé au bureau de Meilhan par le sieur Pi-

« con, ladite somme de 200 livres étant des « deniers de mondit Sieur Castellanne » ; ladite quittance contrôlée à Bazas le 11 octobre 1780 et produite en original ;

70° : Un extrait authentique du Rôle de la capitation de la Noblesse de l'Élection de Condom pour les années 1782 et 1783, auquel est inscrit « le sieur Castellane de Salerne, an« cien officier de milices, » pour la somme de 18 livres ;

71° : Une lettre en date de janvier 1783, signée « le chevalier de Saint-Sauveur », portant en suscription « A Monsieur Monsieur de Castellanne, à Aillas », produite en original ;

72° : Autre lettre en date de Toulouse, le 4 février 1783, signée « le marquis de Polastron Laillière », portant en suscription « A Monsieur Monsieur de Castellanne, lieutenant au Régiment Provincial de Médoc, à Aillas », contenant copie d'une lettre du Maréchal duc de Mouchy, et invitant ledit Monsieur de Castellanne à envoyer son mémoire signé, s'il est dans le cas de demander sa retraite ; ladite lettre produite en original ;

73° : Autre lettre en date de Paris, le 20 août

1783, signée « Droüet », portant en suscription « A Monsieur de Castelanne de Salerne, à La Réolle », et dans son contexte ce passage : « Le chevalier d'Armagnac, votre « ami, m'a dit de faire adresser votre croix à « celui des trois Messieurs Eismard qui est « chevalier de Saint-Louis et ancien capitaine « au Régiment de Soissonnais ; ladite lettre « produite en original ;

74° : Autre lettre en date de « ce vendredy 10 octobre », signée « le chevalier de Saint-Sauveur », portant en suscription « A Monsieur Monsieur de Castellanne Salerne, à Aillas », et produite en original ;

75° : Un extrait authentique du Rôle de la capitation de la Noblesse de l'Élection de Condom pour l'année 1784, auquel est inscrit le sieur Castellane de Salerne, chevalier de Saint-Louis, pour la somme de 18 livres ;

76° : Un brevet en date du Château de Navarre le 18 janvier 1785, enregistré à Nérac le 5 février suivant, par lequel le duc de Bouillon et d'Albret donne à « demoiselle An- « gélique Castellane Desalerne le droit de « rétention, prélation et retenue féodale à « Nous appartenant sur l'acquisition par elle

« faite du Sr Raffard, d'une maison et jardin
« situés dans le bourg d'Aillas, par police d'é-
« criture privée du 29 juillet 1769, contrôlée
« à Meilhan le 10 décembre 1784 » ; ledit brevet signé « Le duc de Bouillon » et produit
en original ;

77° : Un contrat de vendition passé à Aillas
le 26 juillet 1786, par lequel Léonard Gourgues,
procureur postulant en l'Ordinaire d'Aillas, vend
« à Noble Etienne Castellanne de Sa-
« lernes, officier d'infanterie, habitant de la
« paroisse et juridiction dudit Aillas », une
terre « confrontant du couchant à mondit
« Sieur de Castellanne » ; ledit contrat signé « Salerne de Castellanne, Gourgues »,
et produit en original ;

78° : Une quittance de la somme de 18 livres,
délivrée à Aillas le 16 août 1787, à « Mon-
« sieur Castellanne de Salernes pour sa
« cappitation noble de l'année 1786 », signée
« Duzan, Receveur aux tailles », et produite
en original ;

79° : Autre quittance de la même somme, délivrée, à Bordeaux le 12 septembre 1787, à
« Monsieur Castellane de Salerne pour sa
« capitation noble qu'il doit à Sa Majesté pour

« l'année 1786 », par le procureur du sieur Orcelle, Receveur particulier des finances de l'Élection de Condom, et produite en original ;

80° : Autre quittance de la même somme, délivrée, à Aillas le 14 novembre 1789, par le receveur d'Aillas, à « Monsieur de Catellane pour sa capitation noble de l'année 1788 », et produite en original ;

81° : Une lettre en date de Noaillac, 5 juillet 1789, portant en suscription « A Monsieur Monsieur Castelane de Salernes, chevalier de Saint-Louis, à Aillas », signée « Poytevin », et produite en original ;

82° : Le Rôle de Capitation de la Juridiction d'Aillas pour l'année 1789, à la suite duquel est écrit : « Gentilshommes et Militaires dans « la jurisdiction non compris au présent Rôle : « Monsieur Castellane Salerne, officier. » Ledit Rôle signé Pauly, collecteur principal, et produit en extrait délivré pour copie conforme, le 1er juin 1885, par l'Archiviste du département de la Gironde ; ledit extrait vu pour expédition par le Conseiller de Préfecture, et revêtu de son seing, ainsi que de celui dudit Archiviste, et des sceaux des Archives départementales et de la Préfecture de la Gironde ;

83° : Le contrat de mariage passé, le 5 janvier 1790, en la paroisse de Savignac, par Sourget, notaire royal de la ville de Meilhan, entre « messire JEAN-BAPTISTE DE CASTEL-
« LANE, écuyer, fils légitime de messire
« ETIENNE DE CASTELLANE, écuyer, chevalier
« de l'ordre Royal et Militaire de Saint-Louis,
« et de dame Françoise Bignon, habitant de
« la paroisse du grand Aillas, d'une part; et
« demoiselle Catherine Degascq, fille légitime
« de messire Jean Degascq de la Roche[1],
« écuyer, chevalier de l'ordre Royal et Militaire de Saint-Louis, et de damè Marie De-
« piis[2], habitants de la paroisse de Savignac,
« d'autre part » ; ledit contrat contrôlé à Meilhan le 14 desdits mois et an, et produit

---

[1] Il faut lire « de Gascq », famille d'ancienne chevalerie, dont le nom et les armes figurent au Musée des Croisades, à Versailles.

[2] Il faut lire « de Piis »; *alias* « de Pins », famille d'ancienne chevalerie qui a donné deux grands-maîtres à l'Ordre de Saint-Jean de Jérusalem.

en expédition sur papier au timbre royal signée « Sourget, notaire Royal » ;

84°: Un contrat en date du 9 juin 1792, registré à Bazas le 13 du même mois, par lequel « sieur Estienne Castellanne Salernes, « chevalier de Saint-Louis, habitant de la pa- « roisse du Grand-Aillas, district de Bazas », vend à maître Elie Giresse, homme de loy, habitant de la ville de Bazas, une rente annuelle de 25 livres, « que ledit Salernes assi- « gne, affecte et hipothèque sur tous ses biens « présents et à venir » ; ledit contrat produit en original sur papier timbré ;

85°: Une quittance, en date du 23 germinal an III (12 mars 1795), de la somme de 395 livres 3 sous un denier, payée par le citoyen Castellane Salerne pour ses impositions foncière et mobilière de l'année 1792 ; ladite quittance délivrée par le percepteur d'Aillas et produite en original ;

86°: Un jugement rendu le 4° jour complémentaire de l'an 3 (20 septembre 1795) par Jacques Lussac, juge-de-paix du canton d'Aillas, et portant condamnation en paiement d'arrérages de fermages au profit de la citoyenne Angélique Salernes, représentée par Etienne Castellanne Salernes, son frère, domiciliée en la commune d'Aillas ; ledit jugement enregistré à Bazas le 28 frimaire an 4 (19 décembre 1795), et produit en expédition conforme à la minute étant au greffe du juge-de-paix du canton d'Aillas, délivrée sur papier timbré par Nadaud, greffier, à Aillas le 23 fructidor an 4 (11 septembre 1796) ;

87° : L'acte de mariage entre Joseph Castellanne, fils d'Etienne Castellanne et d'Anne-Françoise Bignon, et Marie-Madeleine Lacoste, fait en la commune de Montaut, canton de Saint-Sever, département des Landes, le 27 brumaire an IX (18 novembre 1800), produit en extrait sur papier timbré, délivré le 23 juillet 1885 par le maire de ladite commune, revêtu de son seing et du sceau de la Mairie, avec légalisation, en date du 25 desdits mois et an, par le juge-de-paix du canton de Saint-Sever ;

88° : L'acte de naissance de Bernard-Théodore Castellane, fils du citoyen Joseph Castellane et de la citoyenne Madeleine Lacoste, domiciliés à Aillas, dressé audit Aillas le 1er frimaire an 10 (22 novembre 1801), et produit en extrait délivré pour copie conforme, le

9 juillet 1885, par Monsieur Laulan, maire de la commune d'Aillas, et revêtu de son seing et du sceau de la Mairie ;

89° : Une lettre en date du 17 vendémiaire an 12 (10 octobre 1803), par laquelle le receveur d'Aillas invite le citoyen Castellanne Salernes à acquitter ses contributions, s'élevant à la somme de 171 francs 21 centimes ; ladite lettre produite en original ;

90° : Un avertissement d'avoir à acquitter ses contributions, s'élevant à la somme de 183 francs 89 centimes, adressé par le Receveur des Contributions directes de l'arrondissement de Bazas à Monsieur Castellanne Salernes, demeurant à Aillas, en date du 6 mars 1806 et produit en original ;

91° : Autre avertissement d'avoir à acquitter ses contributions s'élevant à la somme de 169 francs 28 centimes, adressé par le percepteur du canton d'Aillas à Monsieur Castellanne Salernes, en date du 2 février 1808 et produit en original ;

92° : L'acte de mariage entre Bernard-Théodore Castellanne, fils légitime de Monsieur Jozeph Castellanne Beaupin et de dame Magdelaine Lacoste, habitant avec ses père et mère dans la commune d'Aillas, d'une part, et demoiselle Marie-Louise-Zoë Vigouroux, fille légitime de Monsieur François Vigouroux, propriétaire, et de feu dame Jeanne de Montfort, d'autre part ; ledit acte fait à Couthures, département de Lot-et-Garonne, le 8 octobre 1827, et produit en extrait délivré pour copie conforme, le 8 juillet 1885, par Monsieur Camps, adjoint au maire de Couthures, et revêtu de son seing et du sceau de la Mairie ;

93° : L'acte de naissance d'Isaac-Sébastien de Castellanne, fils de Théodore-Bernard de Castellanne, maire d'Aillas, et de Marie-Louise Vigouroux, fait à Aillas le 8 novembre 1832, et produit en extrait délivré pour copie conforme, le 30 juin 1885, par Monsieur Laulan, maire d'Aillas ; ledit extrait revêtu de son seing et du sceau de la Mairie ;

94° : Un acte de signification de transport d'une rente fait, le 9 février 1837, par Jean-Justin Pesquaire, huissier audiencier près le tribunal de première instance de Bazas, à dame Madeleine Lacoste, veuve de Monsieur Castelanne ; ledit acte produit en original sur papier timbré ;

95° : Le contrat de mariage passé le 6 janvier 1858 par Gérard aîné, notaire à Aillas, entre Isaac-Sébastien de Castellanne, surnommé en famille Théobald, né à Aillas, y demeurant avec ses père et mère, fils légitime de Monsieur Théodore-Bernard de Castellanne et de Marie-Louise Vigouroux, d'une part, et Mademoiselle Marie Latour de Gabouriaud, fille légitime de Jacques-Henri, décédé, et de Madame Antoinette-Françoise-Marie Destaigne de Valdubault, d'autre part ; auquel intervient en qualité de donatrice Madame Marthe-Poitevin, veuve de Monsieur Pierre Castellanne Dubarail, propriétaire, demeurant dans la commune d'Aillas ; ainsi signé sur la minute « Théobald de Castellane, T. de Castellanne, Zoé de Castellane » ; ledit contrat enregistré à Langon (Gironde) le 13 janvier 1858, et produit en expédition sur papier timbré ;

96° : L'acte de naissance de Marie-Joseph-Bernard de Castellane, fils légitime de Monsieur Isaac-Sébastien-Théobald de Castellane et de Marie Latour de Gaboriaud, fait à Aillas le 19 mars 1859, auquel signe comme premier témoin Monsieur Bernard-

Théodore de Castellane, propriétaire, âgé de 53 ans, grand-père, et produit en extrait délivré pour copie conforme le 30 juin 1885 par Monsieur Laulan, maire d'Aillas ; ledit extrait revêtu de son seing et du sceau de la Mairie ;

Attendu que des titres et documents sus-visés, tous de la plus incontestable authenticité, il conste :

1° : Que Monsieur Marie-Joseph-Bernard de Castellane, sous-lieutenant au 53ᵉ régiment d'infanterie, est fils légitime de Monsieur Isaac-Sébastien de Castellane, surnommé en famille Théobald de Castellane, propriétaire à Aillas, et de Marie Latour de Gaboriaud, appelée aussi Gaboriaud de Latour ;

2° : Que ledit Monsieur Isaac-Sébastien de Castellane, surnommé en famille Théobald de Castellane, est fils légitime de Bernard-Théodore de Castellane, maire d'Aillas, et de Marie-Louise Vigouroux ;

3° : Que ledit Bernard-Théodore de Castellane était fils légitime de Joseph de Castellane de Salernes et de Marie-Madeleine Lacoste ;

4° : Que ledit Joseph de Castellane de Salernes était fils légitime de Noble Etienne de Castellane de Salernes, lieutenant au régiment de Médoc, chevalier de l'Ordre Royal et militaire de Saint-Louis, et de Françoise Bignon ou de Bignon ;

5° : Que ledit Noble Etienne de Castellane de Salernes était fils légitime de Noble Jean de Castellane de Salernes, lieutenant au régiment de Santerre, et de Catherine Delas de Coulomb ;

6° : Que ledit noble Jean de Castellane de Salernes était fils légitime de Noble André de Castellane de Salernes, lieutenant de la Juridiction d'Aillas, et de Marie Caussade ;

7° : Que ledit noble André de Castellane de Salernes était fils légitime de Jean de Castellane, écuyer, homme d'armes, et d'Isabeau Seingresse ou de Saingresse ;

8° : Que ledit Jean de Castellane était fils de Denis de Castellane, écuyer, et de Marie de Larue ;

Considérant :

1° : Que des actes et documents sus-visés il appert que, depuis environ trois cents ans, les consultants et leurs ascendants n'ont cessé de résider à Aillas, où ils étaient et sont encore possessionnés ;

2° : Que, depuis au moins l'an 1614, ils ont toujours vécu noblement, portant les armes au service du Roi ou exerçant des fonctions de magistrature n'impliquant pas dérogeance, et qu'ils ont pris et porté constamment, publiquement et indistinctement les noms de « DE CASTELLANE, CASTELLANE, DE CASTELLANNE, CASTELLANE OU CASTELLANNE DE SALERNES, SALERNES, DE SALERNES, DE SALLERNES, SALERNE, SALERNES DE CASTELLANE OU DE CASTELLANNE, DE CASTELLANE DE SALERNES » ;

3° : Que ces variantes ne sauraient être invoquées contre le droit des consultants, parce qu'elles procédaient de la coutume nobiliaire et qu'il n'est pas d'anciennes familles nobles où l'on n'en trouvât des exemples ;

4° : Que, de ce que leurs ascendants sont ap-

pelés dans plusieurs actes du seul nom de
« Salerne » ou « Salernes », on ne saurait
arguer que tel était leur seul et véritable nom,
et non celui de « de Castellane de Salernes », puisque leur filiation, établie par degrés certains et par actes authentiques, remonte sans lacune à Denis de Castellane, écuyer, vivant à Aillas en 1617, 1621, etc.,
aïeul de noble André de Castellane de Salernes ;
que, d'ailleurs, l'usage de signer d'un nom de
seigneurie ou de sieurie, était pareillement
suivi dans les diverses branches de la Maison
de Castellane, comme dans toutes les Maisons
nobles ; que c'est ainsi qu'en 1576 Gaspard de
Castellane, sieur de la Collombe, maréchal-des-logis de la compagnie de 50 lances des
Ordonnances du Roi sous la charge et conduite du comte de Carces, signe « La Collombe » (Cabinet des Titres de la Bibliothèque
Nationale, Collection dite des *Pièces Originales*, volume 613, dossier 14423, pièce 3,
parchemin) ; qu'en 1614, Jean de Castellane,
sieur de la Verdière, lieutenant de la compagnie d'hommes d'armes du Duc de Guise,
signe « Laverdière » (*Ibidem*, pièce 32) ; qu'en
1656, François de Castellane, marquis de Saint-

Jeurs, capitaine d'une des galères du Roi, signe «Saint-Jeurs» (*Ibidem*, pièce 16);

5° : Que l'on ne saurait non plus prétendre que le véritable nom des consultants soit « Salernes de Castellane », parce que leurs ascendants ont quelquefois signé de cette manière ; pas plus que l'on ne saurait rien prétendre contre l'auteur de la branche provençale des seigneurs d'Andon et de Mazaugues, parce qu'il était appelé « Esparron de Castellane », du nom de la seigneurie d'Esparron (*Dictionnaire de la Noblesse*, par M. de La Chenaye Desbois, 2ᵉ édition, in-4°, 1772, tome IV, généalogie de Castellane, page 4);

6° : Que l'on ne saurait invoquer contre les consultants l'absence, dans quelques-uns des actes sus-visés, de la particule dite nobiliaire devant le nom de Castellane ; que ladite particule n'avait pas autrefois l'importance et la signification que l'on prétend y attacher aujourd'hui ; qu'alors on tenait surtout au nom; que c'est ainsi, par exemple, qu'en 1676 Jean-François de Castellane, capitaine d'infanterie au régiment de Picardie, signait « Jean-François Castellane » (Cabinet des Titres de la Bibliothèque Nationale, Collection dite des *Pièces Originales,* volume 613, dossier 14423, pièce 33, parchemin) ;

7° : Que l'on ne saurait encore invoquer contre les consultants les variantes orthographiques du nom de Castellane, Castellanne, etc., dans les actes et documents susvisés, puisque l'orthographe de ce nom a varié, même en Provence, où, encore aujourd'hui, elle est officiellement « Castellanne » (*Dictionnaire des Postes de la République Française,* 6e édition, 1881, page 246, colonne 3) ; que les mêmes variantes se relèvent dans les titres des diverses branches de la Maison de Castellane, et même la variante « Castelaine », ainsi qu'il appert du don de toute justice dans les lieux d'Esparron et du Bost, fait en l'an 1493 par le roi Charles VIII à « Georges de Castelaine, dit Régusse » (Archives Nationales, *Trésor des Chartes,* registre 226 bis) ;

8° : Que l'on ne saurait invoquer contre les consultants, pour leur dénier l'ancienne possession d'état nobiliaire, des alliances contractées dans la bourgeoisie par leurs ascendants, et inégales à l'illustration de l'antique Maison de Castellane, les alliances entre familles nobles et familles bourgeoises ayant de tout temps existé, et même dans la Maison de Castellane, ainsi qu'il conste, par exemple, du mariage contracté au seizième siècle par Jeanne de Castellane, (fille d'Hélion de Castellane, seigneur de Claret, Sigoyer, et autres lieux, sœur de Melchion de Castellane, chevalier profès de l'Ordre de Saint-Jean de Jérusalem, commandeur de Gap), avec François Richard, bourgeois de Sisteron (Cabinet des Titres de la Bibliothèque Nationale, collection dite des *Pièces Originales*, volume 613, dossier 14423, *Histoire et Preuves de la Maison de Castellane*, par Guy Allard, folio 112 recto);

9° : Que l'on ne saurait non plus invoquer contre les consultants, pour contester leur extraction noble, l'état de fortune modeste de quelques-uns de leurs ascendants, puisque la plupart des familles nobles, même des plus anciennes et des plus illustres, étaient grandement appauvries au dix-septième siècle, ou tout au moins comptaient des branches appauvries par les obligations et les charges mêmes de l'état de noblesse, appauvrissement qui constituait bien plutôt un honneur qu'une déchéance ; que c'est ainsi, par exemple, qu'en 1616 le roi Louis XIII accordait des secours de 10 et 25 livres à « Annibal de Castelane », se qualifiant tantôt « pauvre soldat estroppié », tantôt « pauvre gentilhomme estroppié » (Collection dite des *Pièces Originales*, volume 613, dossier 14423, pièces 28 et 29, parchemins) ;

10° : Que l'appauvrissement des descendants de Denis de Castellane, écuyer, vivant en 1617, 1621, etc., et de Jean de Castellane, son fils, aussi écuyer, homme d'armes en 1648, s'explique non seulement par une cause générale, mais encore et surtout par une cause particulière à la branche de Salernes, à savoir par la dévolution de ses grands biens, d'abord à la maison de Pontevès, par l'alliance d'Honorade de Castellane, dame de Salernes, avec Ange de Pontevès-Buous, puis à la maison de Galléan, en vertu du testament par lequel ladite Honorade de Castellane institua pour son héritier universel, à la charge de porter le nom et les armes de Castellane, François de Galléan des Issarts, son petit-fils, fils de Louis de Galléan, baron des Issarts, (en faveur duquel le roi Louis XIV, par lettres du mois de mars 1653, érigea la sirie de Salernes en titre de marquisat), et de Marguerite de Pontevès-Buous ;

11° : Que, pour contester aux consultants leur extraction de la branche de Salernes, on ne pourrait raisonnablement arguer de son extinction au dix-septième siècle, puisque la branche aînée tomba seule en quenouille à cette époque et se fondit dans la maison de Pontevès par l'alliance précitée de ladite Honorade de Castellane, et puisqu'il est certain que Gaspard de Castellane de Salernes, qui testa le 10 décembre 1642, eut au moins deux fils et trois filles légitimes, et Antoine de Castellane de Salernes, son frère, qui testa le 13 octobre 1649, cinq fils et quatre filles légitimes, tous vivants en 1680 et plaidant contre François de Galléan-Castellane des Issarts, sire et marquis de Salernes, en revendication des biens de leur maison, et qu'il est non moins certain que la descendance directe desdits Gaspard et Antoine de Castellane de Salernes se continua en Dauphiné jusque vers le milieu du dix-huitième siècle ;

12° : Que, en fait, il est constant que André Castellane de Salernes, d'Aillas en Albret, marié sous ce nom audit Aillas en 1680, et ses descendants, ont constamment et publiquement pris et porté les noms de « DE CASTELlane de Salernes » ; que la possession d'état, plus que centenaire, est, dans l'espèce formelle, indéniable, et qu'elle suffirait à constituer le droit, mais que le droit est encore confirmé par d'autres faits probants ;

13° : Que, en effet, il n'est pas admissible que, durant plus d'un siècle, une famille ait pu porter sans un droit inattaquable non-seulement le très-illustre nom de Castellane, mais encore et simultanément celui d'une des branches les plus anciennes et les plus considérables de cette grande maison, à savoir le nom de « de Castellane de Salernes » ; que, si son droit n'eut pas été évident, notoire, irrécusable, ce nom n'eût pas manqué de lui être contesté non-seulement par les diverses branches de la Maison de Castellane, et spécialement par la branche de Salernes, mais encore par Messieurs de Galléan de Castellane, sires et marquis de Salernes, qui n'eussent pas manqué de déférer à la Justice une usurpation qui pouvait être le préliminaire d'un surcroît de revendications et de complications judiciaires ;

14° : Que l'usurpation continue d'un nom aussi illustre, surtout avec l'adjonction du nom de Salernes, n'est pas même vraisemblable, et ne fût pas demeurée impunie ; qu'elle n'a pu être ignorée des membres de la Maison de Castellane, puisqu'ils occupaient alors de hauts et nombreux emplois dans les armées, où servaient aussi Messieurs de Castellane de Salernes, d'Aillas en Albret ; que, d'ailleurs, il y a preuve manifeste que la maison de Castellane n'a pas pu ignorer l'existence des Castellane de Salernes établis en Albret, puisque, notamment, le régiment de Santerre, dans lequel, de 1712 à 1715, servait en qualité de lieutenant Jean de Castellane de Salernes, fils dudit André, avait pour colonel, à cette époque, Michel-Jean-Baptiste Charron, marquis de Ménars, époux d'Anne de Castéra de la Rivière et beau-père d'Henri, marquis de Castellane-Novejean, et que ledit Jean de Castellane de Salernes, lieutenant au régiment de Santerre, était neveu de Marguerite de Castellane de Salernes, sœur dudit André et femme d'Etienne de Castéra de la Rivière ;

15° : Que l'on ne saurait invoquer contre les consultants ce fait que leurs deux plus anciens ascendants actuellement connus, Denis, écuyer, vivant en 1617, 1621, etc., et Jean, aussi écuyer, homme d'armes en 1648, ont pris seulement, dans les très-rares actes que l'on produit d'eux, le nom de « de Castellane »; qu'en d'autres actes, non connus, ils ont pu prendre le nom de « de Castellane de Salernes. »; qu'en effet André, leur fils et petit-fils, et d'autres de leurs descendants, sont indifféremment appelés de Castellane, ou Castellane de Salernes, ou Salernes de Castellane, ou même simplement Salernes; que, au surplus, avant la fixation légale des règles de l'Etat civil, l'orthographe et la forme des noms de famille variaient arbitrairement dans les actes suivant le caprice des scribes; qu'il importe de noter : 1° que, dès l'année 1621, étant témoin au baptême de Jehan et Guillaume Jautard, ledit Denis de Castellane signe au registre « DE SALLERNES »; 2° que, trente-quatre ans après, en 1655, mentionnant dans son « Livre de raison » la naissance dudit André son fils, le dit Jean de Castellane l'appelle « André-François DE CASTELLANNE DE SALLERNES . »; 3° que, le 14 mai 1652, étant témoin au baptême de Pierre de Larue, fils de Jacques de Larue et de Marie de Castellane, le dit Jean de Castellane signe au registre « SALLERNES »; ce qui montre que le nom de « DE CASTELLANE DE SALERNES » était le nom prétendu et porté par les dits Denis et Jean, écuyers, et fortifie l'opinion qu'ils ont pu le prendre dans des actes non connus ;

16° : Que, même en admettant que lesdits Denis et Jean de Castellane se fussent coutumièrement abstenus de prendre et porter le nom de Salernes, il n'en consterait point que ce dernier nom ne fût pas leur propriété ; que, la propriété du nom étant imprescriptible, ledit André de Castellane, leur fils et petit-fils, et ses descendants, ont pu légitimement, malgré l'interruption pendant une ou plusieurs générations, reprendre le nom de Salernes et l'adjoindre à leur nom de Castellane ; que, en raison même de ladite interruption, la reprise du nom de Salernes n'eût pas été possible sans un droit manifeste, notoire, incontestable et incontesté ; qu'il importe d'observer ici que, en dehors des actes de baptême des enfants Jautard et de Pierre de Larue, susvisés, le premier acte dans lequel on voit les Castellane de l'Albret porter publiquement le nom de Salernes est du 30 juillet 1680, c'est-à-dire du temps même où les Castellane-Salernes du Dauphiné plaidaient obstinément contre François de Galléan-Castellane des Issarts, marquis de Salernes, par eux considéré comme usurpateur de leur patrimoine ; qu'ainsi, par le rapprochement de dates, il devient manifeste que ledit André de Castellane, en conservant le nom de Salernes, alors qu'un grand procès en revendication était poursuivi par les Castellane-Salernes du Dauphiné, a voulu affirmer sa communauté d'extraction avec ceux-ci et réserver par cette affirmation publique tous ses droits éventuels, et ceux de ses descendants, dans le litige engagé, depuis plus de cinquante ans, contre les Pontevès et les Galléan par lesdits Castellane-Salernes en revendication du patrimoine de leur branche ;

17° : Que, si le point de rattachement des Castellane de l'Albret avec la branche de Salernes fait actuellement défaut, il est grandement présumable qu'une recherche approfondie dans les Archives de la Gironde, et surtout dans les minutes notariales de l'Albret, aurait pour effet de combler cette lacune ; que, d'ailleurs, de l'examen de la généalogie de la branche de Salernes, il ressort que nombre de ses membres ont été ignorés ou volontairement laissés dans l'ombre par les généalogistes, préoccupés seulement d'établir la filiation de l'aînesse ;

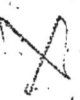

qu'en effet, presque à tous les degrés, du treizième au seizième siècle, il n'est mentionné qu'un seul mâle ; qu'il est présumable que le premier des Castellane-Salernes qui, suivant la tradition, vint, comme d'autres gentilshommes provençaux, s'établir en Albret, sous Henri IV, était un des six frères ou un des six fils d'Alexis de Castellane de Salernes, marié à Catherine de Pontevès et ayant testé le 25 février 1573, desquels frères et fils, au moins pour quelques-uns, l'alliance et la destinée sont inconnues (Guy Allard, *op. cit.*, folio 120) ; que, la parité des prénoms ayant sa valeur dans l'espèce, il n'est pas sans intérêt de noter que deux frères et un fils dudit Alexis portaient le nom d'Antoine, et un autre de ses frères le nom de Jean, et que le plus anciennement connu des Castellane de l'Albret, vivant en 1614, marié à Jeanne de Lafargue, se nommait Antoine-Jean de Castellane ;

18° : Que, d'ailleurs, ne parvint-on pas à retrouver un ou plusieurs actes probants, le droit des consultants au nom de « DE CASTELLANE DE SALERNES » ne saurait être équitablement méconnu, alors que la possession d'état est flagrante et irrécusablement établie par une filiation continue, par des titres réguliers et par des actes pouvant faire foi en justice ; que cette méconnaissance ne pourrait être approuvée par aucune des personnes habituées aux recherches généalogiques et versées dans les questions nobiliaires ;

Est d'avis :

Sur la 1re question,

Que Messieurs Isaac-Sébastien de Castellane, surnommé en famille Théobald de Castellane, et Marie-Joseph-Bernard de Castellane, père et fils, doivent être considérés comme issus de la Maison de Castellane, branche de Salernes ;

Sur la 2e question,

Que les dits Sieurs doivent porter les armoiries de ladite branche de Salernes, à savoir :
De gueules au château d'or, la tour du milieu plus élevée, accompagné de

trois fleurs-de-lis de même, deux aux flancs et une en pointe; l'écu sommé de la couronne princière portée par toutes les branches de la Maison de Castellane.

Fait à Paris, ce huit août mil-huit-cent-quatre-vingt cinq.

Le Président du Conseil Héraldique de France :

VICOMTE DE POLI.

Pour expédition :

Le Secrétaire-Général,

H. D'ARBIGNY DE CHALUS.

Le présent avis a été communiqué à un certain nombre de Membres du Conseil Héraldique de France, qui y ont adhéré dans les termes suivants :

ADHÉSIONS

Les soussignés, membres du Conseil Héraldique, approuvent pleinement et sans restriction les conclusions de l'avis émis par la Société, relatif à la Maison et aux armoiries de Castellane, branche de Salernes, et donné à Paris le 8 août 1885.

Pise, ce 26 août 1885.

Commandeur G. B. de CROLLALANZA. [1]

Godefroy de CROLLALANZA. [2]

---

[1] Président-fondateur de l'Académie Royale Héraldique d'Italie, directeur du *Giornale Araldico-Genealogico* et de *l'Annuario della Nobiltà Italiana*, etc.
[2] Secrétaire-archiviste de l'Académie Royale Héraldique d'Italie.

J'ai lu avec soin et un réel intérêt l'avis rédigé par vous, au nom du Conseil Héraldique, concernant la filiation et les armoiries d'une branche de la Maison de Castellane.

Sans parler de l'analyse très-précise des documents produits à l'appui de la prétention, les faits sont exposés avec la clarté qui distingue toutes vos publications, et les déductions que vous en tirez, avec citations de preuves à l'appui, me semblent également logiques et rationnelles.

Par ces motifs, dont la valeur a été d'ailleurs reconnue, me dites-vous, par le chef de la Maison, je donne bien volontiers à votre œuvre et aux conclusions qu'elle comporte, l'adhésion que vous me demandez.

Château des Planches-sur-Amblie, 25 sept. 1885.

A. DU BUISSON DE COURSON-CRISTOT.[1]

—

J'ai hâte de vous envoyer mon adhésion complète aux conclusions du Conseil Héraldique, relatives à la Maison de Castellane de Salernes.

---

[1] Auteur de savantes publications généalogiques, membre de la Société des Antiquaires de Normandie, de la Société de l'Histoire de France, etc.

...Lorsque l'historien, à la recherche de la vérité historique, ne peut asseoir son jugement sur des documents matériels, il arrive souvent à la découvrir d'une manière irréfutable, en demandant à la méthode d'induction la lumière qu'il poursuit.

Certainement les MM. de Castellane ne peuvent établir par un document précis le point de jonction qui rattache leur rameau au vieux tronc de leur famille ; mais ils posent de tels jalons, et vous les appréciez si sainement vous-même, que le doute n'est plus possible.

Avignon, le 25 septembre 1885.

Jules de TERRIS. [1]

—

J'ai lu avec la plus sévère attention votre consultation sur la famille de Castellane de Salernes.

Je la trouve nette, claire, concluante et probative.

Je crois, en effet, que MM. de Castellane d'Aillas ne peuvent appartenir qu'à la grande maison de Castellane en Provence et à une branche du rameau de Salernes, portant le même nom, et qu'on ne peut

---

[1] Membre de l'Académie Royale Héraldique d'Italie, de l'Institut des provinces, de la Société littéraire d'Apt, des Académies d'Aix, Avignon, Forcalquier, etc., auteur de l'*Armorial des Évêques d'Apt*, et autres savantes publications.

leur contester ce nom que par ignorance des anciens usages de la noblesse et des vieilles coutumes des familles, ainsi que de la rédaction souvent incorrecte des actes paroissiaux d'autrefois.

Laval, 25 septembre 1885.

Alfred de Martonne.

—

J'ai reçu l'avis du Conseil Héraldique, relatif à la Maison de Castellane.

J'approuve complètement vos conclusions, et je vous envoie mon entière adhésion.

Le Crotoy, 26 septembre 1885.

Lucien Millevoye.[2]

—

J'ai lu fort attentivement la consultation que vous avez bien voulu m'adresser sur la Maison de Castellane, branche de Salernes.

---

[1] Ancien élève de l'Ecole des Chartes, archiviste du département de la Mayenne, membre et secrétaire-adjoint de la Commission historique et archéologique de la Mayenne, de la Société historique du Maine, etc.

[2] Ancien magistrat.

ADHÉSIONS

Les pièces importantes et nombreuses, citées au nombre de quatre-vingt-treize [1], sont plus que suffisantes pour établir d'une façon authentique la position de ce rameau et ses droits au nom de Castellane Salernes. Appuyé sur ces preuves démonstratives, je me range complètement à l'opinion du Conseil, qui considère les représentants actuels de cette branche « *comme issus de la Maison de Castellane, branche de Salernes* », et comme devant « *porter les armes de ladite branche de Salernes.* »

Nantes, ce 26 septembre 1885.

S. de la NICOLLIÈRE-TEIJEIRO [2].

—

Je m'empresse de vous faire parvenir mon adhésion aux conclusions de l'avis du Conseil Héraldique relatif à la Maison de Castellane, branche de Salernes.

Kermadec, 27 septembre 1885.

G. de CARNÉ. [3]

---

[1] Trois nouvelles pièces ont été produites, au cours de l'impression, ce qui en porte le nombre à 96.
[2] Archiviste de la ville de Nantes, correspondant de la Société Nationale des Antiquaires de France.
[3] Directeur de la *Revue historique de l'Ouest*, membre de la Société des Bibliophiles Bretons.

J'ai lu fort attentivement la petite brochure que vous m'avez fait l'honneur de m'adresser sur la Maison de Castellane, avec la circulaire y jointe : les preuves généalogiques apportées par MM. Isaac-Sébastien et Marie-Bernard de Castellane, ainsi que les conclusions *ad hoc* du Conseil Héraldique, me paraissent claires et évidentes, sans que nul ne puisse contester aux intéressés le droit de porter le nom de Castellane de Salernes et de timbrer leur écu des armoiries de ladite branche de Salernes.

Château de Kerdavy, 28 septembre 1885.

J. de KERSAUSON.[1]

—

J'ai l'honneur de vous adresser mon adhésion aux conclusions adoptées par le Conseil Héraldique, à l'égard des titres de MM. de Castellane de Salernes.

Il serait difficile de trouver et soutenir de nouvelles objections après l'examen de celles que vos considérants réfutent.

Paris, 28 septembre 1885.

G. de PELLERIN DE LATOUCHE.[2]

---

[1] Licencié en droit, membre de la Société Archéologique de la Loire-Inférieure et de celle des Bibliophiles Bretons.
[2] Membre honoraire du Conseil Héraldique de France.

J'ai lu attentivement le texte d'avis du Conseil Héraldique que vous m'avez envoyé, relativement à la Maison de Castellane, branche de Salernes, et je crois pouvoir en approuver les conclusions : car la filiation d'Isaac-Sébastien et de Marie-Joseph-Bernard de Castellane est certaine jusqu'à Denis de Castellane, et il y a de fortes présomptions pour croire qu'il faisait lui-même partie de la famille d'Alexis de Castellane de Salernes.

Le Barret, ce 29 septembre 1885.

Henri LAVAL.[1]

....Je trouve que votre consultation est fort juste et pleine de sagesse. Vous établissez une filiation régulière, et tout porte à croire que cette famille Castellane de Salernes est sortie de la Maison de Castellane en Provence. Où est la soudure ? C'est encore le point inconnu. Il est à remarquer que le même fait se reproduit chez toutes les anciennes familles. Pour ne citer que ma province natale, je vous dirai qu'il y avait une branche de la Maison de Montalembert dont la jonction à la branche commune n'a ja-

---

[1] Avocat, ancien magistrat, membre de la Société Linnéenne de Lyon.

mais pu être constatée authentiquement. Même chose pour un rameau des Dexmier, et enfin, même exemple chez nous : les Bremond de Bossée en Touraine, seigneurs de Belleville, portant notre nom et nos armes, ne peuvent se souder aux Bremond d'Ars.

Vous voyez donc que les Castellane de Salernes ne sont pas les seuls dans le même cas. Vous dites vrai en faisant remarquer que, pour les premiers siècles de l'histoire généalogique, les héraldistes se contentent de citer l'aîné de la Maison et négligent tous les rejetons puisnés. De là cette rupture pour tous les rameaux demeurés obscurs. Il est donc juste de réparer cet oubli et de rendre à ces déshérités par une longue prescription les droits qui leur appartiennent sans conteste.

Quimper, le 29 septembre 1885.

Comte A. de BREMOND D'ARS. [1]

—

Je viens de lire votre intéressant travail sur la filiation de la famille de Castellane de Salernes et

---

[1] Ancien sous-préfet, conseiller-général du Finistère, chevalier de la Légion d'honneur, président de la Société Archéologique de la Loire-Inférieure, associé correspondant de la Société Nationale des Antiquaires de France, etc.

suis heureux de vous adresser mon adhésion aux conclusions de ces consciencieuses recherches.

Arras, 29 septembre 1885.

Louis CAVROIS. [1]

—

Etant en déplacement depuis plus de deux mois, je n'ai pu, jusqu'à ce jour, vous envoyer l'adhésion relative à l'attache des Castellane-Salernes à l'ancienne souche des Castellane.

En raison des pièces produites et d'une longue possession d'état, acceptée et reconnue par le chef actuel de la Maison de Castellane, je ne puis qu'adhérer aux conclusions prises par le Conseil Héraldique de France, que vous présidez avec une prudence et une autorité auxquelles je suis heureux de rendre hommage.

A. DU BOIS DE LA VILLERABEL. [2]

---

[1] Docteur en droit, ancien auditeur au Conseil d'État, membre de l'Académie d'Arras et de la Commission des monuments historiques du Pas-de-Calais, commandeur de l'Ordre pontifical de Saint-Grégoire-le-Grand, etc.

[2] Président de la Société Archéologique et historique des Côtes-du-Nord, etc.

Après avoir attentivement lu le texte de l'avis du Conseil Héraldique, relatif à la Maison de Castellane, je déclare en approuver les conclusions, et j'ai l'honneur de vous envoyer en ces présentes lignes ma complète adhésion, ajoutant que j'ai souvent entendu dire par mon vénéré père, mort en janvier 1876, à l'âge de 90 ans, que les Castellane d'Aillas sont de très-vieille et très-noble souche.

Gontaud, 29 septembre 1885.

Ph. TAMIZEY DE LARROQUE.[1]

—

Je soussigné, après un examen attentif des considérants énoncés dans l'avis du Conseil Héraldique de France, en date du 8 août 1885 et relatif à la Maison de Castellane, branche de Salernes, déclare en approuver pleinement les conclusions, qui ressortent d'ailleurs d'une manière évidente des quatre-vingt-treize actes et pièces (1614-1859) soumis par

---

[1] Correspondant de l'Institut de France (Académie des Inscriptions et Belles-lettres), associé correspondant de la Société Nationale des Antiquaires de France, membre du Comité des Travaux historiques et scientifiques, etc.

ADHÉSIONS

MM. de Castellane, impétrants, audit Conseil Héraldique de France.

Au château de Penhoët, ce 29 septembre 1885.

Comte Régis de l'Estourbeillon. [1]

—

J'adhère entièrement à l'avis exprimé par le Conseil Héraldique en ce qui concerne la Maison de Castellane, branche de Salernes, l'examen attentif des pièces produites ne pouvant, à mon sens, laisser de doute à cet égard.

Caen, 3 octobre 1885.

P. de Longuemare. [2]

—

...Après avoir pris connaissance de ce travail, après avoir examiné et apprécié les considérants donnés à la suite du relevé des actes et documents,

---

[1] Inspecteur de la Société française d'Archéologie, secrétaire général de la Société archéologique de Nantes et de la Société des Bibliophiles Bretons.
[2] Avocat, membre honoraire du Conseil Héraldique de France.

je déclare adhérer à la consultation par les motifs y énoncés, en insistant notamment sur la question d'état relevée dans le paragraphe 12.

Abbeville, le 3 octobre 1885.

Em. DELIGNIÈRES. [1]

—

J'ai l'honneur d'adresser à Monsieur le Président du Conseil Héraldique de France mon adhésion aux conclusions émises dans son avis publié sur la Maison de Castellane.

Guérande, le 5 octobre 1885.

Baron HULOT DE COLLART-SAINTE-MARTHE. [2]

—

J'ai lu avec attention le mémoire que vous m'avez fait l'honneur de m'adresser, relatif à la Maison de Castellane, que j'ai l'avantage de compter dans ma parenté ; je donne mon adhésion complète à

---

[1] Avocat, ancien bâtonnier, vice-président de la Société d'Emulation d'Abbeville, etc.

[2] Membre de la Société archéologique de la Loire-Inférieure, etc.

votre opinion, acceptée, du reste, par M. le marquis de Castellane-Norante.

Au Rocan, 8 octobre 1885.

Marquis de Seguins-Vassieux. [1]

—

....J'ai lu avec le plus vif intérêt d'un bout à l'autre la notice que vous m'avez envoyée sur les Castellane.

Tout *y porte le cachet de cette vérité et de cette franchise qui sont le fait des seules vraies généalogies* et que sait si bien reconnaître celui qui s'occupe de ces questions.

Il n'y a pas de doute pour moi que ces Castellane établis dans l'Albret ne soient un rameau des Castellane de Provence et de la branche des Salernes.

J'approuve donc en entier toutes les conclusions du Conseil Héraldique, parce que je les trouve sérieuses et véridiques, et qu'il ne reste pas l'ombre de doute pour moi sur l'origine de ces Castellane, bien que les preuves matérielles sur leur jonction

---

[1] L'un des présidents d'honneur du Conseil Héraldique de France.

fassent défaut, mais les preuves morales ont ici la même force pour moi.

Le Monard, 9 octobre 1885.

P. de FAUCHER.[1]

———

J'ai lu plusieurs fois et avec attention le Mémoire, la consultation ou l'avis généalogique et héraldique rédigé par le Conseil de France, sur la double question posée par MM. Isaac-Sébastien de Castellane (dit Théobald de Castellane) et Marie-Joseph-Bernard de Castellane, lieutenant au 53º régiment d'infanterie, père et fils, habitants de la commune d'Aillas, département de la Gironde, à l'effet de savoir :

1º S'ils doivent être considérés comme issus de la Maison de Castellane, branche de Salernes ;

2º Dans le cas de l'affirmative, quelles armoiries ils doivent porter.

Les 93 actes, pièces ou titres originaux, ou en forme légale, analysés dans votre travail, démontrent, pendant près de trois siècles, d'une manière incontestable, la filiation de la branche établie à Aillas, depuis Denis de Castellane, qualifié écuyer dans l'acte de naissance de sa nièce Marie de Castellane, du 1er août 1617 ; lequel Denis de Castellane comparaît dans un autre acte de baptême, dans la

---

[1] Associé des Académies d'Aix et de Vaucluse, membre de la Société Française d'Archéologie, etc.

même église à Aillas, le 10 novembre 1621, et signe : « DE SALLERNES » ; cela prouve que de Castellane et de Salernes sont deux noms, l'un patronymique, l'autre de fief, qui lui appartiennent.

Ces 93 titres permettent de constater que les descendants légitimes du même Denis sont en possession de l'état nobiliaire et des deux noms de Castellane et de Salernes.

La Maison de Castellane a possédé la seigneurie de Salernes du XIIe au XVIIe siècle. Boniface III est qualifié baron de Castellane, seigneur de Salernes, etc., se dit souverain de ses petits États, puis est contraint de faire hommage au mois d'Octobre 1189, et transmet Salernes à ses descendants.

Salernes est devenu le principal fief de l'une des branches de cette maison. Guy Allard constate qu'Alexis de Castellane fit son testament le 25 février 1573, qu'il avait six frères ou six fils, et que la destinée de quelques-uns de ces frères ou de ces fils est inconnue.

Honorade de Castellane, dame de Salernes, épouse Ange de Pontèves Buous, puis, en vertu de son testament, institue pour son héritier universel, à la charge de porter le nom et les armes de Castellane, François de Galléan des Issarts, son petit-fils, né du mariage de Louis de Galléan, baron des Issarts, et de Marguerite de Pontèves Buous, en faveur desquels Salernes avait été érigé en titre de marquisat par le roi Louis XIV au mois de mars 1653.

Cela prouve qu'*un rameau de cette branche si nombreuse en* 1573 était tombé en quenouille et avait porté par mariage le fief de Salernes dans la Maison de Pontevès, puis dans celle de Galléan ; mais il est également certain que *d'autres rameaux de la même branche* existaient alors en Dauphiné comme en Guienne. En effet, Gaspard de Castellane de Salernes teste le 10 décembre 1642, et laisse au moins deux fils et trois filles. Antoine de Castellane de Salernes, frère dudit Gaspard, fait son testament le 13 octobre 1649 et laisse cinq fils et quatre filles légitimes, tous vivants en 1680 et plaidant contre François de Galléan des Issarts, sire et marquis de Salernes, en revendication des biens de leur maison. La descendance directe des mêmes Gaspard et Antoine de Castellane de Salernes se continua jusqu'au milieu du XVIIIe siècle en Dauphiné.

Durant ce long procès, qui a duré un siècle, le rameau habitant Aillas en Albret portait publiquement, et n'a pas cessé de porter simultanément et sans contestation les deux noms de Castellane et de Salernes.

Le Conseil Héraldique a parfaitement raison de dire dans son 13e considérant :

« Il n'est pas admissible que, durant plus d'un siècle,
« une famille ait pu porter sans un droit inattaquable,
« non seulement le très-illustre nom de Castellane,
« mais encore simultanément celui d'une des bran-

« ches les plus anciennes et les plus considérables
« de cette grande maison, à savoir le nom « de Cas-
« tellane de Salernes » ; que si son droit n'eût pas
« été évident, notoire, irrécusable, ce nom n'eût pas
« manqué de lui être contesté non-seulement par les
« diverses branches de la Maison de Castellane, et
« spécialement par la branche de Salernes, mais
« encore par MM. de Galléan de Castellane, sires et
« marquis de Salernes, qui n'eussent pas manqué de
« déférer à la Justice une usurpation qui pouvait
« être le préliminaire d'un surcroît de revendications
« et de complications judiciaires. »

Il est donc évident pour moi que MM. de Castellane de Salernes, habitants d'Aillas, doivent être considérés comme issus de la Maison de Castellane, branche de Salernes, et qu'ils doivent porter les armes de la branche de Salernes.

J'approuve d'une manière absolue, et par les mêmes considérants, l'avis émis par le Conseil Héraldique de France.

Agen, le 9 octobre 1885.

J. de BOURROUSSE DE LAFFORE.[1]

---

[1] Le savant continuateur du *Nobiliaire de Guienne et de Gascogne,* ancien président et membre de la Société des Sciences, Belles-lettres et Arts d'Agen, de la Société des Archives historiques de la Gascogne, etc.

ADHÉSIONS

J'ai l'honneur de vous faire connaître que, après lecture attentive de la notice consacrée par le Conseil Héraldique de France à la Maison de Castellane, branche de Salernes, j'adhère aux conclusions de cette notice.

D'après les documents renfermés dans ladite notice, il me paraît en effet extrêmement probable que MM. Isaac-Sébastien de Castellane et Marie-Joseph-Bernard de Castellane doivent être considérés comme issus de la Maison de Castellane, branche de Salernes, et qu'ils ont le droit d'en porter les armoiries.

Orléans, ce 9 octobre 1885.

COURET. [1]

—

J'ai étudié le travail du Conseil Héraldique sur la branche de Salernes de la Maison de Castellane ; je partage complètement l'avis du Conseil Héraldique.

Paris, 10 octobre 1885.

A. BOREL D'HAUTERIVE. [2]

---

[1] Docteur en droit, docteur ès-lettres, ancien procureur de la République, avocat à la Cour d'appel d'Orléans, correspondant de la Société des Antiquaires de France, etc.

[2] Ancien professeur suppléant à l'École des Chartes, directeur de l'*Annuaire de la Noblesse*, conservateur honoraire à la Bibliothèque Sainte-Geneviève, etc.

Les documents cités dans la brochure du Vicomte de Poli sur les Castellane d'Aillas ne me laisseraient pas hésiter — si j'avais à m'en occuper pour mon *Armorial et Nobiliaire de Savoie* — à les admettre comme issus de la Maison de Castellane.

Comte Amédée de FORAS.[1]

Pour extraits certifiés conformes aux originaux conservés dans les Archives du Conseil Héraldique de France,

Paris, le 30 octobre 1885,

LE PRÉSIDENT,

Vicomte de POLI.

---

[1] L'éminent auteur de l'admirable code qui a pour titre *Le Blason*, et de ce magnifique *Armorial de Savoie* qui est le chef-d'œuvre de l'art et de la science héraldiques.

Le soussigné, après avoir pris connaissance de l'avis du Conseil Héraldique de France, ainsi que des adhésions qui précèdent, déclare en adopter les conclusions.

Paris, le 15 octobre 1885.

Le Marquis de CASTELLANE-NORANTE.

Imprimerie de DESTENAY, Saint-Amand (Cher).

www.ingramcontent.com/pod-product-compliance
Lightning Source LLC
LaVergne TN
LVHW050633090426
835512LV00007B/825